Sitzungsberichte des Plenums
und der Klassen
der Akademie der Wissenschaften
der DDR

8
1972

Wolfgang Schirmer

Verflechtungen zwischen Stoff- und Energiewirtschaft

AKADEMIE-VERLAG · BERLIN

Sitzungsberichte des Plenums
und der Klassen
der Akademie
der Wissenschaften der DDR

Jahrgang 1972 · Nr. 8

Wolfgang Schirmer

VERFLECHTUNGEN ZWISCHEN STOFF- UND ENERGIEWIRTSCHAFT

Mit 7 Abbildungen und 2 Tabellen

AKADEMIE-VERLAG · BERLIN
1973

Vortrag gehalten von Prof. Dr. Wolfgang Schirmer,
Ordentliches Mitglied der Akademie der Wissenschaften
der DDR, in der Plenarveranstaltung am 14. 12. 1972

Herausgegeben im Auftrage
des Präsidenten der Akademie
der Wissenschaften der DDR
von Vizepräsident Prof. Dr. Heinrich Scheel

Erschienen im Akademie-Verlag, 108 Berlin, Leipziger Straße 3–4

Lizenznummer: 202 · 100/605/73
Herstellung: IV/2/14 VEB Druckerei »Gottfried Wilhelm Leibniz«,
445 Gräfenhainichen
Bestellnummer: 761 942 5 (2010/72/8) LSV 1205, 3205
Printed in GDR
EVP 2,50

Energie und Rohstoffe stellen die materiellen Grundlagen für die Arbeit des Menschen und für die Entwicklung der Produktivkräfte dar. Je mehr Nutzenergie und Fertigprodukte zur Verfügung stehen, um so reicher kann sich unser Leben gestalten. Im Hinblick auf das große gesellschaftliche Ziel, in der DDR den Aufbau der sozialistischen Gesellschaftsordnung zu vollenden, stellte der VIII. Parteitag der SED als Hauptaufgabe für den laufenden Fünfjahrplan die Forderung, *„das materielle und kulturelle Lebensniveau des Volkes auf der Grundlage eines hohen Entwicklungstempos der sozialistischen Produktion, der Erhöhung der Effektivität, des wissenschaftlich-technischen Fortschrittes und des Wachstums der Arbeitsproduktivität zu entwickeln."*

Dieser Vortrag stellt die Verflechtung zwischen Stoff- und Energiewirtschaft dar und versucht, Schlußfolgerungen für unsere wissenschaftlich-technische Arbeit daraus abzuleiten. Ich stelle mir nicht die Aufgabe, eine Prognose für die Entwicklung der Energie- und der Stoffwirtschaft vorzulegen; das soll späteren Ausführungen vorbehalten bleiben. Hier geht es darum, die wissenschaftlichen Grundlagen für den rationellen Energieeinsatz und für die Erhöhung des Wirkungsgrades der Energie in wichtigen Bereichen der Stoffwirtschaft, vor allem der chemischen Industrie, darzulegen.

Im allgemeinen werden die verschiedenen Entwicklungsstufen der Menschheit durch den in jeder Epoche hauptsächlich eingesetzten Werkstoff gekennzeichnet. Man spricht also von einer Stein-, einer Bronze- oder von einer Eisenzeit, aber mindestens ebenso aussagekräftig ist die Charakterisierung der verschiedenen Entwicklungsstufen durch die Angabe des Betrages der dem einzelnen Menschen zur Verfügung stehenden Nutzenergie. Dieser Wert stieg im Laufe der Entwicklung der Menschheit von der primitiven Naturstufe bis zur heutigen Etappe der wissenschaftlich-technischen Revolution auf etwa das Fünfzigfache an.

Während dem Jäger und Sammler 5–10 000 kcal/Tag in Form von Nahrung und offenem Feuer zur Verfügung standen, erhöhte sich dieser Wert auf 70 000 für die industrialisierten Länder des 19. Jahrhunderts, um schließlich um 1970 herum für die USA 230 000 zu erreichen.

Während im 19. Jahrhundert Maschinen in immer stärkerem Maße einfache Handarbeit und körperliche Routinearbeit des Menschen übernahmen, wird unsere heutige Entwicklung dadurch gekennzeichnet, daß die physische Arbeit weitgehend maschinell geleistet wird und ein immer größer werdender Umfang von geistiger Routinearbeit sowie von häufig sich wiederholenden Steuerungs- und Leitungsprozessen in der Technik, der Wissenschaft und der gesamten Gesellschaft durch Maschinen und Automaten übernommen wird.

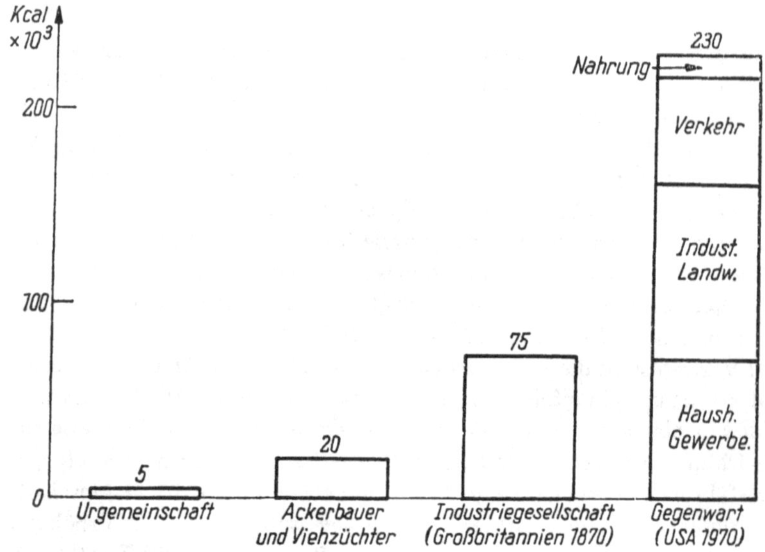

Abb. 1: **Bereitstellung von Energie je Person und Tag**

Tabelle 1: **Globaler Energiebedarf in 10^6 MWh**

	1970	1980	1990	2000
Gesamtbedarf	48	84	125	169
davon durch				
Kohle	15	23	27	33
Erdöl	21	34	47	60
Erdgas	8	18	27	36
Wasser	4	5	6	7
Kernenergie	1	4	18	33
Anteil				
Elektroenergie	10 %	15 %	22 %	30–40 %

Nach einer sowjetischen Prognose erhöht sich der Energiebedarf der Menschheit von 1970 bis 2000 auf das 3,6fache. Während sich der Kohleeinsatz dabei verdoppeln wird, ist für die Energieerzeugung aus Erdöl und Erdgas eine Steigerung auf das 3,4fache vorgesehen. Im Jahre 2000 wird die Kernenergie etwa 20 % der gesamten Primärenergie darstellen, während der Anteil an Elektroenergie auf 30–40 % geschätzt wird. Tab. 1 veranschaulicht, in welchem Maße sich die Struktur der Primärenergieträger bis zum Jahre 2000 verändern wird.

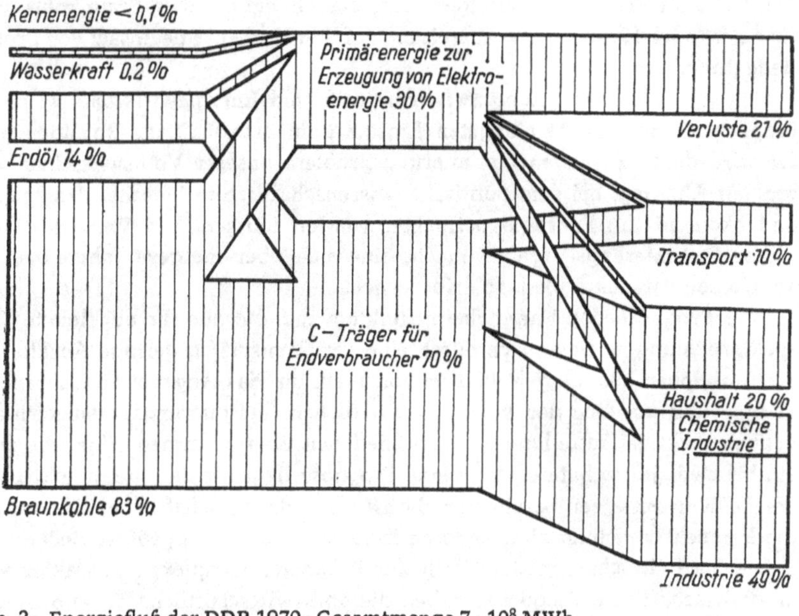

Abb. 2: Energiefluß der DDR 1970; Gesamtmenge 7 · 10^8 MWh

Abb. 2 schließlich gibt eine schematische Darstellung der wichtigsten Einsatzgebiete für Gebrauchsenergie in der DDR zum gegenwärtigen Zeitpunkt. Es sind die Verluste bei der Elektroenergieerzeugung ausgewiesen.

Heute beruhen noch 96 % aller Primärenergieträger auf der Basis Kohlenstoff. Damit entstammen sie den Vorräten an fossilen Brennstoffen, die sich im Laufe von vielen Jahrmillionen durch biogene Prozesse in der Erdkruste gebildet haben und deren Verbrauch ein irreversibler Vorgang ist. Der Bedarf des Menschen an kohlenstoffhaltigen Rohstoffen muß zwar für die nächsten Generationen noch als gesichert angesehen werden, schon heute aber erkennen wir, daß die Deckung unseres Energiebedarfs durch Verbrennung fossiler Rohstoffe nur eine kurze Epoche in der Gesamtentwicklung der Menschheit darstellen kann. Spätere Generationen werden den historisch kurzen Abschnitt des Einsatzes von Kohle, Erdöl und Erdgas sicherlich kritischer betrachten, als wir es heute tun. Der fossile Kohlenstoff, den wir heute verbrennen, wird in Zukunft auch nicht mehr als Grundstoff für chemische Synthesen zur Verfügung stehen.

Die Forderung, andere Primärenergieträger einzusetzen, als sie uns in den kohlenstoffhaltigen Brennstoffen zur Verfügung stehen, steht heute schon auf der Tagesordnung. Diese andere Energieform ist die Kernenergie. Da wir in der DDR an Primärenergieträgern fast ausschließlich über Braunkohle verfügen, ist auch für uns die Vorbereitung auf den Kernenergieeinsatz von großer Bedeutung.

Die enge Wechselwirkung zwischen Stoff- und Energiewirtschaft wirft die Frage nach dem zweckmäßigsten Einsatz kohlenstoffhaltiger Rohstoffe auf. Sie wird damit zu einem Optimierungsproblem unserer Volkswirtschaft von größtem Umfang, bei dem politische, wissenschaftlich-technische, strategische und ökonomische Faktoren betrachtet werden müssen. Die Verwirklichung dieser Optimierungsaufgaben macht eine sich über mehrere Jahrzehnte erstreckende Perspektivplanung erforderlich.

Eine Prognose der Energiebereitstellung und die aus ihr abgeleitete Perspektivplanung zeichnen sich durch eine verhältnismäßig geringe Anzahl von Zielfunktionen aus. Es geht hierbei vor allem um das Angebot an Gebrauchsenergie und um eine den volkswirtschaftlichen Optimierungsparametern angepaßte richtige Aufteilung der verschiedenen Energieformen. Eine sich über ein bis zwei Jahrzehnte erstreckende Prognose liegt für die Energiewirtschaft der DDR in Ansätzen bereits vor. Sie ist als volkswirtschaftlicher Vorlauf für die Perspektivplanung aller anderen Industriezweige von größter Bedeutung.

Die Stoffwirtschaft zeichnet sich durch äußerst komplexen Charakter aus. Stoffwirtschaftliche Prognosen haben die volkswirtschaftliche Bedeutung von Hunderten von Rohstoffen und Fertigprodukten zu berücksichtigen. Deshalb sind hier gegenwärtig die Vorarbeiten für eine langfristige Prognose noch nicht so weit wie in der Energie gediehen.

Die chemische Industrie stellt sich entsprechend der Direktive des VIII. Parteitages der SED die Aufgabe, die Produktion organisch-chemischer Grundstoffe in einem überdurchschnittlichen Maße zu steigern, wobei der spezifische Energieeinsatz im Durchschnitt sinken soll. Die Erdölverarbeitung wird besonders im Hinblick auf die zunehmende Motorisierung auch unter Einsatz von Rohstoffen mit niedrigerer Qualität weiterhin stark anwachsen. Die Erzeugung von Werkstoffen auf Plast- und Elastbasis und von Baustoffen auf organisch- und anorganisch-chemischer Grundlage wird weiterhin stark zunehmen, im Hinblick darauf auch der Energiebedarf. Bei anorganisch-chemischen Verfahren ist mit dem Einsatz geringwertigerer Rohstoffe zu rechnen, wodurch sich der spezifische Energieaufwand erhöhen wird. Die chemische Industrie muß weiterhin in verstärktem Umfange Düngemittel, Schädlingsbekämpfungsmittel und andere Produkte für die Industrialisierung der Landwirtschaft zur Verfügung stellen, wodurch ebenfalls der Energieeinsatz erhöht werden wird.

Es kann eingeschätzt werden, daß die chemische Industrie einen jährlichen Zuwachs an Primärenergie von 3–3,5 % benötigt, um diese Aufgaben zu erfüllen. Die Anforderungen an die Elektroenergie werden sich in Höhe einer Steigerungsrate von 5–6 % bewegen.

Der wachsende Energiebedarf der Stoffwirtschaft führt in hochentwickelten Industrieländern in immer größerem Umfang zum Import von Primär- oder Nutzenergie. Beispiel und Vorbild für die dadurch bedingte internationale Verflechtung und für die darauf aufbauende langfristige Planung ist das Programm der ökonomischen Integration der RGW-Länder, das für die nächsten 15–20 Jahre beschlossen wurde.

Betrachten wir die Beziehungen zwischen Stoff- und Energiewirtschaft jetzt genauer!

Zwischen Energie und Masse besteht grundsätzlich Äquivalenz. Das wird quantitativ durch die bekannte EINSTEINsche Beziehung

$$E = m \cdot c^2$$

dargestellt. Wenn auch diese Relation im Bereich herkömmlicher chemischer Reaktionen nicht in Erscheinung tritt, so spielt sie doch für alle stofflichen Veränderungen, an denen Kernkräfte beteiligt sind, eine große Rolle.

Die Bereitstellung von Energie ist stets an stoffliche Voraussetzungen geknüpft. So läßt sich Dampf als Energieträger nur erzeugen, wenn Energie einem Wasserreservoir zugeführt wird. Kernenergie ist an die Existenz spaltbarer Atomkerne gebunden. Fotochemische Energie setzt die Existenz entsprechender Strahlungsquellen voraus, denen Stoff-Umwandlungsvorgänge zugrunde liegen.

Auch chemische Reaktionen sind ohne das Vorliegen von Energiegradienten oder Potentialdifferenzen nicht denkbar. Die Wechselbeziehungen zwischen Energie und stofflichen Veränderungen in einem reagierenden System sind uns durch das als Wissenschaftsdisziplin weitgehend abgeschlossene Gebiet der klassischen Thermodynamik qualitativ und quantitativ gut bekannt. Die Erkenntnisse und Schlußfolgerungen des 1. und 2. Hauptsatzes der Thermodynamik und des NERNSTschen Wärmetheorems werden von uns seit Jahrzehnten in der Praxis der Stoffwirtschaft verwendet.

Eine chemische Reaktion läuft nur dann freiwillig ab, wenn die Freie Reaktionsenthalpie des Systems ΔG negativ ist. Nach der bekannten Beziehung $\Delta G = \Delta H - T \Delta S$ läßt sich, isotherm-reversible Prozeßführung vorausgesetzt, nur der durch ΔG gekennzeichnete Energieanteil des Systems in andere Energieformen überführen.

Als eine zur allseitigen Beurteilung stoff- und energiewirtschaftlicher Probleme geeignete Größe erweist sich die Exergie, die ein thermodynamisches Maß für die technische Arbeitsfähigkeit eines Systems ist, wenn dieses reversibel ins Gleichgewicht mit seiner Umgebung gebracht wird. Liegen die Ausgangs -und Endprodukte unter Standardbedingungen vor, dann ist die Exergie gleich der Freien Reaktionsenthalpie ΔG. Die zur Gewinnung von Exergiedaten notwendigen Untersuchungen und Messungen sind im Interesse volkswirtschaftlicher Optimierungsaufgaben beschleunigt durchzuführen.

Das Element Kohlenstoff wurde bis vor wenigen Jahrzehnten fast ausschließlich, von der Koksherstellung abgesehen, für die Energieerzeugung eingesetzt und mit Beginn der Einführung der Hochdruckhydrierung und petrolchemischer Verfahren in die Technik zu einer immer bedeutenderen Grundlage unserer gesamten Stoffwirtschaft. Zum ersten Male erfolgte in größerem Umfang eine Kopplung mit dem Aufkommen der Steinkohlenvergasung und des Kokereiprozesses im 19. Jahrhundert.

Die starke Entwicklung der synthetischen Plaste, Elaste und Fasern und der Einsatz von Erdöl und Erdgas bei der Herstellung von Synthesegas und Wasserstoff haben dazu geführt, daß der Kohlenstoff als Rohstoffgrundlage für unsere Volkswirtschaft unentbehrlich geworden ist. Schon werden in vielen Industrieländern mehr Synthese- als Naturfasern eingesetzt. Bei der stürmischen Entwicklung der Plastproduktion können wir schon heute voraussagen, daß wir in etwa 10 Jahren dem Gebrauchswert nach ebensoviel synthetische Werkstoffe wie Metalle produzieren werden.

Die enge Kopplung von stoff- und energiewirtschaftlichen Aufgaben läßt sich heute am zweckmäßigsten an der Nutzung des Erdöls nachweisen. Um den Bedarf an Benzin, Treibstoffen und Schmierölen zu decken, wird das Erdöl durch Spaltverfahren und verschiedene chemische Veredelungsmaßnahmen aufgearbeitet. Bei diesen Verfahren fallen nicht nur die gewünschten Endprodukte an, sondern es entstehen auch neue Zwischenprodukte wie Wasserstoff, gasförmige Olefine, Aromaten und andere Verbindungen, die Ausgangsprodukte für weitere chemische Synthesen sind.

Es werden Verfahren genutzt, die das Ziel haben, Erdöl vor allem im Hinblick auf den stoffwirtschaftlichen Einsatz aufzuarbeiten. Diese Verfahren dienen der Erzeugung gasförmiger Olefine, flüssiger Spaltprodukte von hohem Reaktionsvermögen und von Aromaten. Dabei fallen jedoch auch Abgase unterschiedlicher Konzentration an, die aus Wasserstoff, CO und verschiedenen Kohlenwasserstoffen bestehen und für die Energiewirtschaft genutzt werden.

Die Begriffe „Heizölraffinerie" und „petrolchemische Raffinerie" umreißen kurz die Tatsache, daß der Kohlenstoff eine ausgeprägte Doppelfunktion hat. Allerdings sind die eingesetzten Mengen ungleich. So ermittelte G. Riedel für das Jahr 1970, daß in der DDR 3,4 % des gesamten Kohlenstoffs für chemische Synthesen genutzt wurden. Nach Riedel wird diese Zahl bis 1980 auf 8 % ansteigen. Bezogen auf den Erdöl- und Erdgaseinsatz schätzt RIEDEL den Anteil des stoffwirtschaftlich verwendeten Kohlenstoffs einschließlich des Verbrauches von Bitumen, Schmieröl und Synthesegas für die DDR auf 20–22 %.

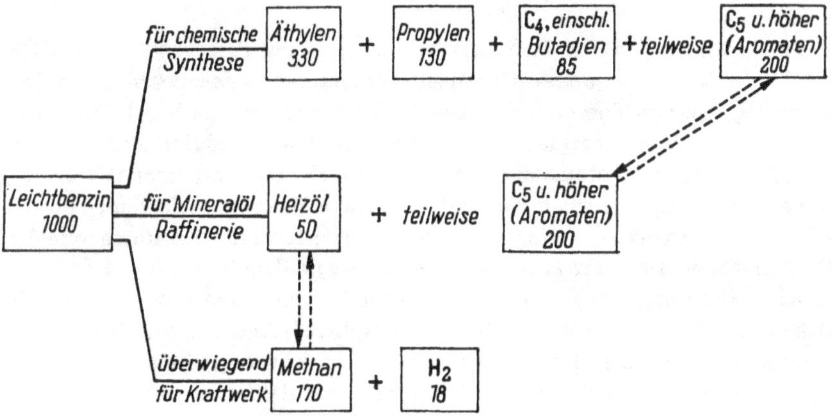

Abb. 3: Kopplung von Stoff- und Energiewirtschaft bei der Pyrolyse von Leichtbenzin

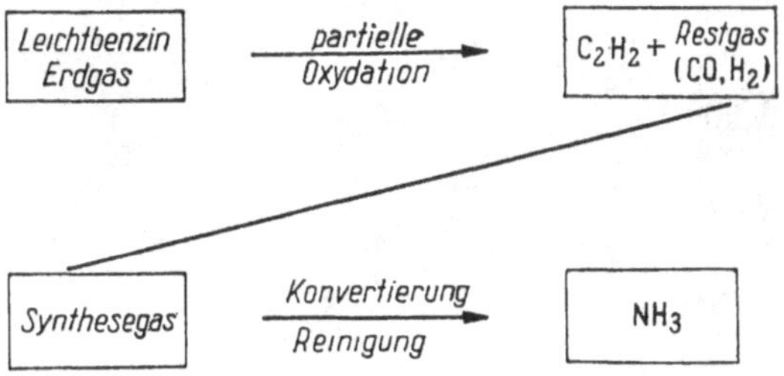

Abb. 4: Verhältnis C_2H_2 : N = 1 : 3 – 3,5

Das muß durch die Feststellung ergänzt werden, daß im Jahre 1971 etwa 15 % des in der Steinkohle enthaltenen Kohlenstoffs in der Welt in Koks umgewandelt wurden, ein Produkt, das vorwiegend zu stoffwirtschaftlichen Umsetzungen in der Metallurgie und in der Chemie dient. Dieser quantitative Aspekt des Kohlenstoffeinsatzes muß durch eine qualitative Betrachtung ergänzt werden. Durch stoffliche Veredelung findet eine beträchtliche Wertsteigerung des Kohlenstoffs statt. So erhöht sich im Benzol der Wert des Kohlenstoffs um den Faktor 3, im Isopren um den Faktor 5, im aktiven Ruß um den Faktor 10 gegenüber dem Ausgangsprodukt. Dadurch wächst der Gesamtwert der auf der Grundlage von Kohlenstoff in der Welt erzeugten Produkte beträchtlich an. Er entspricht heute etwa einem Viertel des Wertes sämtlicher Primärenergieträger überhaupt. In dieser Veredelung widerspiegelt sich ein bedeutender volkswirtschaftlicher Intensivierungsprozeß, der sich in den nächsten Jahren fortsetzen wird.

Betrachten wir jetzt die Stoffwirtschaft als Energieverbraucher! In der DDR werden 49 % der Energie für die Industrie eingesetzt. Nach einer globalen Einschätzung, die von Energiefachleuten der DDR für realistisch gehalten wird, liegt der spezifische Energieaufwand für unsere Warenproduktion zur Zeit um 25–30 % über internationalen Bestwerten. In diesem Wert kommt jene Reserve zum Ausdruck, die wir für künftige Rationalisierungsmaßnahmen nutzen können. Die chemische Industrie verbraucht etwa 15 % der Gesamtenergie der DDR und rund 18 % der erzeugten Elektroenergie. Die in der Natur vorkommenden Rohstoffe, vor allem die oxydischer Natur, stellen Produkte dar, die sich im stabilen Gleichgewicht mit der Atmosphäre befinden. Führt ihre Weiterverarbeitung über die Elemente, so muß stets in größerem Maße Energie aufgewandt werden. Das gilt sowohl für die sehr energieintensiven Verfahren der Eisen- und Stahlgewinnung als auch für die Gewinnung anderer Metalle. Auch für die Veredelung des Erdöls spielt der Energieverbrauch eine große Rolle.

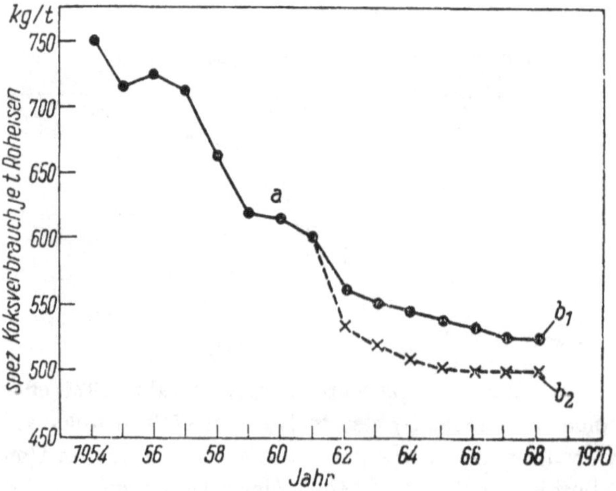

Abb. 5: Entwicklung des spezifischen Koksverbrauchs im Hochofen

Abb. 5 veranschaulicht die Entwicklung des spezifischen Reduktionsmitteleinsatzes bei der Produktion von Roheisen im Hochofen. Es ist zu erkennen, daß es der ständigen Rationalisierung innerhalb von 15 Jahren gelang, die Verbrauchszahlen zu senken; aber dennoch ist auch heute der Energieeinsatz von großer volkswirtschaftlicher Bedeutung. Es ist deshalb verwunderlich, daß wir bei der Entwicklung neuer stoffwirtschaftlicher Verfahren den energetischen Faktoren bisher im allgemeinen eine zu geringe Bedeutung beimaßen. Wir klärten zunächst einmal den Reaktionsablauf und bemühten uns, die Rohstoffausbeute auf einen möglichst hohen Wert zu bringen. Die mit dem Reaktionsablauf verbundenen Energiefragen wurden in vielen Fällen erst im Laufe der Verfahrensentwicklung selbst eingehender untersucht. Oftmals gingen wir von der stillschweigenden Annahme aus, daß die für das Verfahren benötigte Energie „schon beschafft werden könne", wenn nur erst einmal der Reaktionsablauf sichergestellt ist.

Zweifellos hat zu dieser Situation beigetragen, daß seit Jahrzehnten die Energie für stoffwirtschaftliche Verfahren zu sehr niedrigen Preisen zur Verfügung gestellt wurde, besonders wenn sie, wie in unseren Industriegebieten, auf Braunkohlenbasis erzeugt wurde. Es bestand dann kein ökonomischer Anreiz, die energetische Bilanz zu verbessern. Einfluß hatte auch die Vorstellung, daß „wir uns bald in einer Epoche des Energieüberflusses befinden würden". Eine solche Situation wird ebensowenig eintreten, wie wir dem anderen Extrem, der drohenden „Energiekrise", das Wort reden sollten. Eine nüchtern-realistische Einschätzung auf der Basis bilanzierter Angaben ist die beste Voraussetzung für eine Analyse. Wir müssen eine einseitige stoffliche Betrachtung chemischer Verfahren überwinden und dazu übergehen, den Energiewirkungsgrad als gleichberechtigte Größe zu berücksichtigen; liegt doch der Anteil des Energieaufwandes an den Gesamtkosten für ein bestimmtes Produkt oft höher als der des unmittelbaren Rohstoffeinsatzes.

Tabelle 2: Vergleich von Rohstoffausbeute R und energetischem Wirkungsgrad η

Produkt	Verfahren	R	η
NH_3	Hochdruck	$>0{,}90$	0,25–0,42
NO	*Ostwald*-Verfahren (aus den Elementen)	0,82–0,85	0,08
Cl_2	Diaphragmen-Elektrolyse	$>0{,}92$	0,59–0,71
Vinylchlorid	über $C_2H_2 + HCl$	$>0{,}90$	0,12
C_2H_4	thermische Pyrolyse Leichtbenzin	0,33	0,28–0,32

So werden zum Beispiel durch den Energieaufwand entscheidend die Selbstkosten für Calciumcarbid, Vinylchlorid, Acetylen, gasförmige Olefine und andere Produkte bestimmt.

Während die in der Technik bestehenden Verfahren sich im allgemeinen durch eine hohe Rohstoffausbeute auszeichnen, wie Tab. 2 wiedergibt, liegt der energetische Wirkungsgrad dieser Prozesse vielfach sehr niedrig. Sicherlich wurde die bisherige Denkweise auch durch die Tatsache verursacht, daß die Entwicklung eines neuen chemischen Verfahrens bisher überwiegend in den Händen von Chemikern lag, die zunächst natürlich die stofflichen Zusammenhänge berücksichtigten, während die stärker physikalisch und energetisch orientierten Verfahrensingenieure erst nach Abschluß der Laboruntersuchungen zu den Entwicklungsarbeiten hinzugezogen wurden. Heute haben wir erkannt, daß nur eine bei Beginn der Forschungsarbeiten einsetzende Kooperation zwischen Chemikern und Verfahrensingenieuren unter Hinzuziehung von Physikern, Mathematikern und Ökonomen bei eingehender Berücksichtigung der Erfahrungen von Arbeitern aus der Produktion die Entwicklung leistungsfähiger chemischer Verfahren und die Optimierung komplexer Zusammenhänge bewerkstelligen kann.

Will man also Kohlenstoffträger in unserer Volkswirtschaft optimal einsetzen, ist es erforderlich, stoff- und energiewirtschaftliche Funktionen und Faktoren komplex zu berücksichtigen. Die hierfür einzusetzenden Bewertungskriterien müssen solche Größen wie Investitionsaufwand, Produktionskosten, Mehrprodukt für die erweiterte Reproduktion und für die gesellschaftliche Konsumtion enthalten. Als technische Kriterien sind das Profil der Gebrauchsenergiebilanz, der kalorische Wirkungsgrad, die Rohstoffausbeute und der Chemisierungsgrad der Materialwirtschaft von Bedeutung.

In der Stoffwirtschaft gilt es grundsätzlich, den spezifischen Energieaufwand bei der Gewinnung von Produkten zu senken. Das ist nicht etwa eine zeitweilige, vorübergehende Forderung, sondern ein Grundsatz des sparsamen Wirtschaftens mit vergegenständlichter Arbeitskraft, der der sozialistischen Volkswirtschaft stets zu eigen ist.

Besonders für den spezifischen Elektroenergieeinsatz muß ein ständiges Absinken der Zahlenwerte gefordert werden. Ursachen hierfür können sein:

1. Der energetische Wirkungsgrad stromintensiver Verfahren wird erhöht,
2. stromintensive Prozesse werden abgebaut oder überhaupt eingeschränkt,
3. in mehrstufigen Verfahren werden Zwischenprodukte eingesetzt, die mit einem geringen Energieaufwand erzeugt werden können,
4. es werden grundsätzlich energiesparende technologische Prinzipien angewandt.

Um die in der Direktive des VIII. Parteitages gestellte Aufgabe, *„den spe-*

zifischen Verbrauch von Gebrauchsenergie, bezogen auf die Warenproduktion, um durchschnittlich jährlich 4 % zu senken", zu erfüllen, ist ein Plan komplexer Maßnahmen, der grundsätzliche wissenschaftliche, technische und ökonomische Erkenntnisse beinhaltet, auszuarbeiten.

Durch Berücksichtigung gesamtvolkswirtschaftlicher Maßnahmen wie Verbesserung der Produktionsstruktur durch Einführung wenig energieintensiver Prozesse und durch Erzeugung hochveredelter Produkte von optimaler Lebensdauer wird es möglich sein, die oben genannte Zielsetzung auch über einen Zeitraum von mindestens 10 Jahren hinweg zu erfüllen oder zu überbieten.

Die Energiewirtschaft ist heute die Ursache für den größten Teil der Umweltverschmutzung in der Welt. Wir müssen hierbei drei Gruppen von Einflußfaktoren unterscheiden: Verunreinigung durch chemische Verbindungen, durch Staub und Belastung der Umwelt durch Wärme.

Jede Verbrennung fossilen Kohlenstoffs führt zu einer nahezu irreversiblen Bildung von CO_2. Augenblicklich werden jährlich etwa $13 \cdot 10^9$ t O_2 durch künstliche Verbrennung gebunden. Insgesamt wurden bisher 0,018 % Sauerstoff der Erdatmosphäre hierfür verbraucht. Der CO_2-Gehalt stieg in 70 Jahren um 14 % an. Allerdings konnte ein direkter Nachweis des vermuteten „Treibhauseffektes" nicht erfolgen. Steigt die CO_2-Bildung wie bisher jährlich um 5 % an, dann wird in 180 Jahren eine kritische CO_2-Konzentration erreicht sein, die einen wesentlichen Einfluß auf das Klima nimmt.

An CO werden jährlich 150 Millionen t gebildet, davon mehr als 30 % durch den Kraftfahrzeugverkehr. Überhaupt verursachen die Kraftfahrzeuge 40 % aller Schadfaktoren für die Umwelt. Allein an NO wird im Verbrennungsmotor heute doppelt soviel Stickstoff gebunden, wie in der ganzen Welt durch die NH_3-Synthese.

Der durch Sonnenlicht leicht abspaltbare Sauerstoff der Stickoxide ruft durch Reaktion mit Kohlenwasserstoffen Bildung von Aldehyden, organischen Säuren und Peroxyverbindungen hervor, die zu der gefährlichen Smogbildung führen.

Es hat sich ein neuer Zweig der Verflechtung zwischen Energie- und Stoffwirtschaft herausgebildet: die vorwiegend mit chemisch-technologischen Mitteln erreichbare Vermeidung dieser Umweltverschmutzung. In allen genannten Fällen sind heute schon grundsätzlich technische Lösungen bekannt. Allerdings sind sie in einigen Fällen sehr energieaufwendig. Das gilt zum Beispiel für das Auswaschen geringer Konzentrationen an SO_2 aus Abgasen von Kraftwerken und stationären Verbrennungsanlagen. Grundsätzlich ist es möglich, die CO- und NO-Bildung im Verbrennungsmotor stark herabzusetzen, was allerdings zu Lasten einiger Leistungsparameter des Motors geht.

Man rechnet heute damit, daß in der Stoffwirtschaft 5–10 % der Investitionen für den Umweltschutz aufgewandt werden müssen. Auch die zur Schonung der Umwelt erforderlichen zusätzlichen Betriebskosten erreichen bei vielen Prozessen etwa diese Höhe.

Die Verflechtung zwischen Stoff- und Energiewirtschaft kommt in zahlreichen Beispielen zum Ausdruck. Betrachten wir

1. komplexe volkswirtschaftliche Lösungen

– Bei der thermischen Spaltung von Kohlenwasserstoffen fallen beträchtliche Mengen an Wasserstoff an.

Diese Produktion dient, gemeinsam mit anderen durch Spaltung von Erdgas, Raffinerie-Abgasen und Benzin zur Verfügung stehenden Wasserstoff-Quellen dazu, andere Wasserstoffverbraucher an die Spaltanlagen anzuschließen. Deshalb beobachtet man in der Welt die Entwicklung, daß Ammoniakanlagen mit Erdölraffinerien gekoppelt werden.

Ammoniak wird heute in immer stärkerem Maße über Erdgas erzeugt. Dabei spielt das Erdgas nicht nur eine Rolle als Rohstoff für die Gewinnung von Synthesegas und Wasserstoff, sondern auch als Energieträger für das Ver-

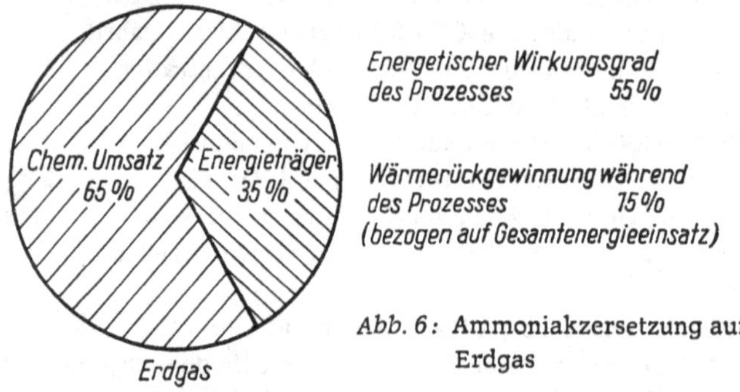

Abb. 6: Ammoniakzersetzung auf dem Weg über Erdgas

– Für Chemiekombinate ist eine enge Kopplung der Erzeugung von Gesamtenergie, Prozeßenergie und stoffwirtschaftlichem Einsatz von Energieträgern charakteristisch. So wird zum Beispiel die für chemische Umsetzungen benötigte Elektroenergie in Kraftwerken unmittelbar auf dem Kombinatsgelände erzeugt. Dadurch ist es möglich, Dampf für die Prozeßenergie abzuzweigen. Ein heute oft anzutreffendes Verhältnis zwischen Energiedampf und Prozeßdampf liegt bei etwa 2:1.

Der Prozeßdampf, der eigentlich für den stoffwirtschaftlichen Einsatz getrennt erzeugt werden müßte, fällt dabei gewissermaßen als Nebenprodukt an. Gibt man ihm eine volkswirtschaftlich vertretbare Gutschrift, so senkt sich der Aufwand für die Elektroenergieerzeugung. Um den hierbei anfallenden volkswirtschaftlichen Nutzen verringert der chemische Kombinatsbetrieb die Aufwendungen unserer Energiewirtschaft und schafft so günstige gesamtvolkswirtschaftliche Lösungen.

In der UdSSR wurde 1970 durch Nutzung sekundärer Energiequellen, die sich als Folge von energetischen oder industriellen Prozessen ergaben, 79 % der anfallenden Energie genutzt. Das entspricht einer Menge von $67 \cdot 10^6$ t Standardkohle. 84 % der in Betrieb genommenen Turbinen eignen sich sowohl für die Erzeugung von Elektroenergie als auch von Wärme.

– Verflechtungen von großer volkswirtschaftlicher Bedeutung ergeben sich in der DDR auch aus dem Verhältnis, in dem die Carbidchemie zur Petrolchemie betrieben wird und so zum Beispiel das für unsere Rohstoffversorgung so wichtige Verhältnis der Produktion von Acetylen zu Äthylen bestimmt. Da das Carbid ein stromintensives Produkt ist, hat auch die Energiewirtschaft an diesen stoffwirtschaftlichen Problemen ein großes Interesse.

– Metalle und Plaste können nur durch einen erheblichen Energieaufwand aus den natürlichen Rohstoffen gewonnen werden. Nur Silikate und oxidische Werkstoffe stehen im thermodynamischen Gleichgewicht mit ihrer Umwelt. Deshalb beträgt der theoretische spezifische Energieaufwand für die Herstellung von 1 t Gas nur etwa 20 % des Wertes, den man für die vergleichbare Menge Metall benötigt. Daß heute dieser Wert noch nicht erreicht wird, liegt vor allem an dem geringen Wirkungsgrad der technisch durchgeführten Erwärmungs- und Schmelzprozesse.

– Um den energetischen Wirkungsgrad eines bestimmten Verfahrens zu verbessern, wurde die Forderung nach weitgehender Reversibilität der technologischen Bedingungen erhoben. Je stärker wir aber versuchen, reversible Arbeitsbedingungen einzuführen, um so geringer müssen die Potentialdifferenzen sein, mit denen wir arbeiten. Das führt zu größeren Aggregaten mit geringeren Raum-Zeit-Ausbeuten und damit zu einer Erhöhung des Investitionsbedarfes. Was wir an eigentlichen Produktionskosten einsparen, verlieren wir bei der Amortisation und dem zusätzlichen Reparaturaufwand. Erst durch neue selektive Wirkprinzipien, Trennverfahren und Katalysatoren wird es möglich sein, hier zu optimalen Lösungen zu gelangen.

– Das Verhältnis zwischen Tagesspitze und Nachtstrom ist für die Elektroenergieversorgung und den gesamtgesellschaftlichen Aufwand hierfür von großer Bedeutung. Durch Vergrößerung des in den Haushaltssektor fließenden Anteils wird sich dieses Problem noch verschärfen. Eine Entlastung kann durch den Einsatz stoffwirtschaftlicher Verfahren, die eine unterschiedliche Leistungsaufnahme ohne Beeinträchtigung des Wirkungsgrades gestatten, erfolgen.

– Im übrigen ist für große Wirtschaftsräume, z. B. für die RGW-Staaten, das Kostenverhältnis Elektroenergieerzeugung : Fortleitung : Umwandlung = 1 : 1 : 1, woraus ersichtlich wird, daß auch Einsparungen auf dem Erzeugungssektor nur zu einem Teil an den Aufwendungen für das Gesamtprodukt wirksam werden. Von umfassender volkswirtschaftlicher Kopplung ist der Energietransport über weite Strecken. Die Annahme, daß in jedem Falle die Fortleitung von Elektroenergie am vorteilhaftesten ist, beruht auf einem Irrtum. Wie WOLF, Freiberg, zeigte, fallen die Übertragungskosten von Elektroenergie derart ins Gewicht, daß man bei Entfernungen über 2000 km den Energietransport in Form von energiereichen komprimierten Gasen (Methan, Wasserstoff) vorziehen sollte.

– Schließlich kommt den Problemen der sorgfältigen Nutzung aller während eines Produktionsprozesses anfallenden Energiemengen große Bedeutung zu. Es ist das Ziel der verfahrenstechnischen Entwicklung, überall dort, wo es technisch vertretbar ist, Energieaustauschvorrichtungen einzuführen, sie beispielsweise möglichst isotherm-reversibel zu gestalten und Voraussetzungen für die Nutzung vorhandener Energiegradienten zu schaffen. Viele Verfahren lassen sich so „energie-autark" gestalten. Das gilt zum Beispiel für die Ammoniakproduktion oder auch für die Erzeugung von Olefinen durch Spaltver-

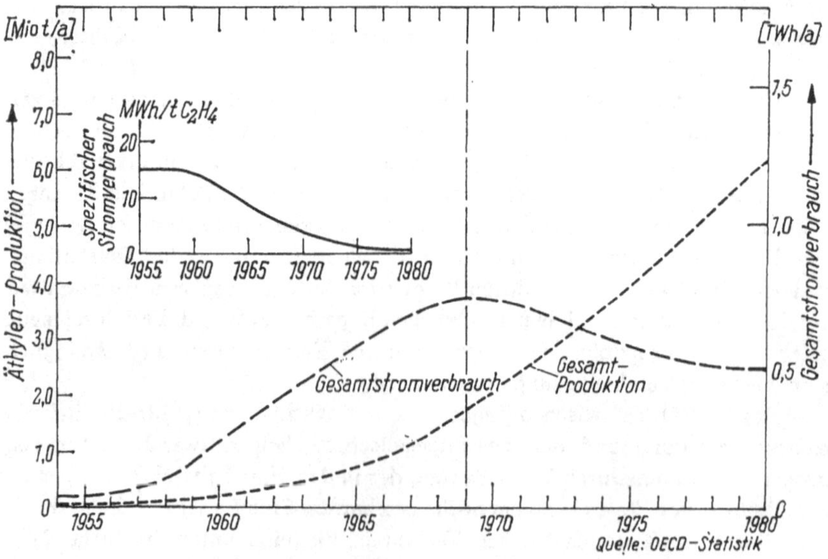

Abb. 7: Stromverbrauch zur Erzeugung von Olefinen

fahren, sofern man von dem einmaligen Aufbringen der Spaltenergie selbst absieht.

In Abb. 7 sind der spezifische Energieaufwand je Tonne Äthylen und der Gesamtaufwand für die geplante Äthylenproduktion in Westeuropa angegeben. Trotz stark steigender Produktion sinkt der gesamte Energieaufwand für die Erzeugung des gewünschten Produktes.

2. Energieerzeugung durch Kernspaltung

Fossiler Brennstoff wird in absehbarer Zeit in immer stärkerem Maße durch Energie, die aus Kernspaltung gewonnen wird, abgelöst werden.

Ein Kilogramm spaltbare Substanz liefert ungefähr $25 \cdot 10^6$ kWh Elektroenergie. Diese heute technisch beherrschte Form der Kernspaltung arbeitet mit langsamen Neutronen, für die sich unter den Uranisotopen vor allem das U^{235} eignet, das aber nur zu 0,7 % im natürlichen Uran enthalten ist. Wenn es gelingt, das häufigste Uranisotop U^{238} in die technische Kernspaltung einzubeziehen, wozu aber schnelle Neutronen Voraussetzung sind, wird der Wirkungsgrad der Energieerzeugung durch Kernspaltung auf ökonomisch günstige Werte ansteigen. Es liegen Prognosen darüber vor, wann mit dem Einsatz dieser sogenannten schnellen Brüter gerechnet werden kann. Das dürfte nach 1980 der Fall sein. Die DDR ist an der Lösung dieses Problems besonders stark interessiert. Dieses Verfahren dürfte dann Elektroenergie liefern, deren Erzeugung mit einem geringen gesellschaftlichen Aufwand betrieben und zu sehr niedrigen Preisen gesichert werden kann.

Nach einer ersten Einschätzung von Energieexperten der DDR werden wir im Jahre 2000 damit rechnen können, daß in der DDR 40–50 % aller Gebrauchsenergie auf der Basis von Kernenergie erzeugt werden. Das wird zu einem überwiegenden Teil Elektroenergie sein; denn der Spaltreaktor ist im wesentlichen hierfür ausgelegt.

Damit ergibt sich ein Substitutionsproblem größten Ausmaßes: Die gesamte energiewirtschaftliche Nutzung, die bisher der fossile Kohlenstoff tragen muß, könnte im Prinzip durch Kernenergie aufgebracht werden. Sogar der Anteil, der heute im wesentlichen in Form von flüssigen Kohlenwasserstoffen in die Verbrennungsräume von Motoren vor allem von Transportfahrzeugen gelangt, könnte grundsätzlich durch Kernenergie ersetzt werden, da ja zumindest theoretisch ein Elektroantrieb auch bei Kraftfahrzeugen möglich und in einigen Fällen auch technisch erprobt ist, wenngleich noch nicht zur Zufriedenheit der Nutzer. Aber *ein* Einsatzgebiet des Kohlenstoffs kann durch Kernenergie nicht abgedeckt werden: die stoffwirtschaftliche Nutzung. Hier sind wir auch weiterhin für die Herstellung der bereits eingeführten oder noch zu schaffenden Palette an C-haltigen Werkstoffen und Petrolchemikalien auf den fossilen Kohlenstoff angewiesen. Der verstärkte Einsatz von spaltbarem Material für die Energieerzeugung ergibt ebenfalls eine Verflechtung zwischen Stoff- und Energiewirtschaft. Die rationelle Gewinnung von Uranerz, Verfahren zur Anreicherung von Uran und zur Aufbereitung der Spaltrückstände sind energieintensiv und werden in Zukunft die Energiewirtschaft beanspruchen.

So beträgt der Energieaufwand für 1 kg Abbrand gegenwärtig 2500 kWh. Bei der Aufarbeitung von 1000 t Abbrand sind das bereits 2,5 Milliarden kWh pro Jahr.

Sicherlich wird die DDR die Aufarbeitung spaltbaren Materials in enger Kooperation mit der UdSSR durchführen. Für die Zeit nach 1980 müssen wir dieses Problem einer volkswirtschaftlich-technologischen Lösung zuführen.

Zusammenfassung

Der rationelle Energieeinsatz in der Stoffwirtschaft stellt ein volkswirtschaftliches Problem ersten Ranges dar. Ganz offensichtlich sind die verschiedensten Verfahren des Energieeinsatzes in der Stoffwirtschaft und die von der Stoffwirtschaft getroffenen Maßnahmen zur Organisation der eigenen Produktion und zur Verflechtung mit der Energie in den meisten Fällen noch von ungenügendem Wirkungsgrad. Das wissenschaftliche Rüstzeug für eine umfassend optimale Lösung der Aufgaben liegt heute schon in erheblichem Maße vor. Es wird in den nächsten Jahren so weit vervollständigt werden, daß man sagen kann: Wir werden wissen, wie diese Fragen grundsätzlich zu lösen sind.

Ihre Lösung ist jedoch mit einem großen volkswirtschaftlichen Aufwand verbunden. Sie muß auch in Dimensionen erfolgen, die die eng begrenzten nationalstaatlichen Interessen überwindet. Dazu ist ganz offensichtlich eine Gesellschaftsordnung Voraussetzung, die das Gesamtwohl über das von Monopolen, von Gruppen oder Einzelinteressen stellt. Schon heute ist die weitere Entwicklung des Ausbaus der Kernenergieversorgung auf monopolkapitalistischer Grundlage stark gefährdet. Nur im Sozialismus und Kommunismus können die Voraussetzungen für die hier notwendig werdenden globalen Lösungen geschaffen werden. Erste Ansätze für eine weltweite internationale Kooperation zeichnen sich in der Zusammenarbeit der RGW-Länder und in dem von ihnen beschlossenen Komplexprogramm ab. Hier wird das gesellschaftliche Modell für die zukünftige Lösung der Verflechtung von Energie- und Stoffwirtschaft praktisch erprobt. Gelingt es uns, durch unsere Arbeit dazu beizutragen, daß diese Lösungen weltweite Anerkennung finden, dann sind wesentliche Voraussetzungen für die energie- und stoffwirtschaftlichen Grundlagen der weiteren Entwicklung der Menschheit geschaffen.

Ich fasse zusammen:
Als Ergebnis meiner Darlegungen ergeben sich folgende komplexe Forschungsaufgaben, an denen sich auch unsere Akademie verantwortlich beteiligen sollte:

1. Schaffung von Kriterien für die Beurteilung stoffwirtschaftlicher Verfahren nach energetischen Gesichtspunkten unter Berücksichtigung geeigneter thermodynamischer und kinetischer Daten.
2. Einsatz komplexer volkswirtschaftlicher Bewertungskriterien für diese Verfahren.
3. Suche nach neuen energiesparenden Technologien in der Volkswirtschaft und Verbesserung bestehender stoffwirtschaftlicher Verfahren in energetischer Hinsicht.
4. Entwicklung rationeller Aufbereitungsverfahren für wertstoffarme Erze und Rohstoffe.
5. Erforschung der technologischen Grundlagen stoffwirtschaftlicher Verfahren mit dem Ziel, die Selektivität und den Reversibilitätsgrad der eingesetzten Prozesse zu erhöhen.
6. Beherrschung wichtiger Rohstoffkreisläufe für Metalle, hochpolymere Stoffe und Silikate.
7. Entwicklung von Aufbereitungstechnologien für Kernbrennstoffe.
8. Verminderung der Umweltbelastung durch Entwicklung neuer Technologien, durch Einführung neuer Prinzipien der Energieerzeugung und durch Entwicklung neuer leistungsfähiger Treibstoffe.

Schlußbemerkungen

In der Diskussion wurden zahlreiche wichtige Fragen angeschnitten, die zu dem behandelten Thema in enger Beziehung stehen. Es dürfte unmöglich sein, ein so komplexes Problem wie das vorliegende in einem Vortrag erschöpfend darzulegen.

So habe ich bewußt auf die Darstellung jener Beziehungen zwischen Stoff- und Energiewirtschaft verzichtet, die sich bei der direkten Nutzung der Sonnenenergie ergeben. Schließlich stellt die Fotosynthese der Pflanzen ein recht effektives Modell hierfür dar. Sie nutzt jedoch weniger als 0,1 % der auf die Erde gelangenden Sonnenenergie für die Durchführung chemischer Reaktionen aus. Nach Meinung bedeutender Wissenschaftler könnten Umfang und Wirkungsgrad der Fotosynthese so weit gesteigert werden, daß die sich hieraus ergebende Menge an Rohstoffen verzehnfacht werden könnte. Das wäre ein außerordentlich wichtiger Beitrag für die Stoffwirtschaft der Zukunft, zumal die Sonnenenergie die einzige Energiequelle ist, die sich in historisch absehbaren Zeiten nicht erschöpfen wird.

In den Diskussionsbeiträgen von Herrn SCHWABE und Herrn RIEDEL wurden die Bedeutung der Wasserwirtschaft und der Bereitstellung von Nutzwasser durch Entsalzung ausführlich behandelt. Selbstverständlich sind das außerordentlich wichtige Beispiele der Kopplung zwischen Stoff- und Energiewirtschaft.

Die Wasserentsalzung dürfte in den nächsten 10–15 Jahren zu einem der bedeutendsten Stofftrennprozesse werden, die auf der Erde angewandt werden. Die Kosten für die Wasserentsalzung liegen überwiegend in der Energiebereitstellung begründet. Selektive Verfahren, die den technischen Energieaufwand in die Nähe des theoretisch erforderlichen bringen, sind von größter praktischer Bedeutung. Die Wasserwirtschaft ist mit der Energieerzeugung vor allem durch die Tatsache gekoppelt, daß Kraftwerke Kühlwasser und hoch gereinigtes Kesselspeisewasser benötigen. Mit dem aufgewärmten Kühlwasser werden nicht unbeträchtliche Wärmemengen, die technisch nicht mehr genutzt werden können, an die Umgebung abgegeben. Da die Bereitstellung von einwandfreiem Kühlwasser für Kraftwerke in steigendem Maße Schwierigkeiten bereitet, ist eine Umstellung auf Luftkühlung von großer technischer Bedeutung.

Der energetische Wirkungsgrad von Stoffwandlungsverfahren wird nicht zuletzt, worauf auch hingewiesen wurde, durch den entsprechenden Wirkungsgrad der großen technischen Aggregate wie der Pumpen, der Verdichter, der Gebläse und anderer Einrichtungen bestimmt. Die Erhöhung des Wirkungsgrades dieser Aggregate ist vor allem ein Problem für den Maschinenbauer. Die erzielten Ergebnisse wirken sich aber in den Kosten für chemische Produkte aus, deshalb gehört auch dieses Problem in den Bereich unserer Betrachtungen.

Schließlich darf ich mit zwei Stichworten, nämlich „Direktumwandlung von Primärenergie ohne Zwischenschaltung von Wärmeenergie" und „Chemiekernreaktoren" auf zwei umfassende Probleme hinweisen, die hier ebenfalls keine Berücksichtigung fanden, obwohl auch sie in sehr spezifischer Weise eine Verflechtung von Stoff- und Energiewirtschaft darstellen. Wir werden im nächsten Jahr eine weitere Plenartagung dem Energieproblem widmen, und dort dann diese Fragen ausführlicher behandeln.

Schließlich sei noch einmal das Problem des Erdgases aufgeworfen. Es gibt Schätzungen, daß uns etwa bis zum Jahre 2030 Erdgas zur Verfügung stehen wird. Darin sind Rohstoffvorkommen eingeschlossen, die heute noch nicht sicher erkundet sind. Wir können uns also sorgfältig auf die Ablösung des Erdgases durch andere Primärenergieträger vorbereiten. Ich halte es jedoch für zweckmäßig zu fordern, daß Erdgas in immer stärkerem Maße auch für stoffwirtschaftliche Zwecke Verwendung findet. Eine allzu einseitige Orientierung auf das Erdgas als Energielieferant dürfte sich zweifellos für unsere Industrie nachteilig auswirken. Dabei habe ich Erdgas im Sinne, das wenig Begleitkomponenten enthält, also einen hohen Reinheitsgrad an Methan aufweist.

Ob sich eine Sättigung des Energiebedarfes vom Jahre 2000 ab bemerkbar machen wird, bezweifle ich. Dies dürfte auch von der Entwicklung der Zahl der auf der Erde lebenden Menschen abhängig sein. Ich glaube nicht, daß sich ab 2000 eine solche Sättigung einstellen wird, bedenken wir doch, daß allein der Energieverbrauch in den sogenannten Entwicklungsländern noch weit hinter dem in hochindustrialisierten Ländern zurücksteht. Ja, bezogen auf die Bevölkerungszahl ist das Verhältnis zwischen Entwicklungs- und Industrieländern in den letzten Jahren ungünstiger geworden. Da sich diese Entwicklung nicht fortsetzen kann, sondern die Industrieländer die Verpflichtung haben, den Entwicklungsländern bei der Schaffung einer eigenen ökonomischen Grundlage, effektiver als bisher zu helfen, so wie das die sozialistischen Länder bereits heute tun, dürfte gerade der Energieverbrauch in diesen Ländern in den nächsten Jahrzehnten stark ansteigen. Die hochentwickelten Industrieländer beziehen einen immer größeren Teil ihrer Primärenergie durch Importe aus anderen Staaten. Auch diese Entwicklung wird sich nicht über einen längeren Zeitraum fortsetzen lassen. Zweifellos sind bei der Lösung dieser Aufgaben große gesellschaftliche Probleme zu berücksichtigen. Sie rechtzeitig und umfassend in den Prognosen und in der Perspektivplanung darzulegen, ist unsere Aufgabe.

In meinen abschließenden Bemerkungen konnte ich nicht alle Ausführungen aus der Diskussion berücksichtigen. Das große Interesse, das dieses Thema hervorgerufen hat, sollte uns Anlaß sein, die wissenschaftlichen Grundlagen der Energie- und der Stoffwirtschaft verstärkt gemeinsam zu bearbeiten.

Analyse und Steuerung von Prozessen der Stoffwirtschaft

– Dargestellt an Prozessen der chemischen Industrie –

Von einem Autorenkollektiv

Herausgegeben von Klaus Hartmann

1971. XXVIII, 955 Seiten – 294 Abbildungen – 100 Tafeln

17 Schemata – gr. 8° – Leinen 115,– M

Bestell-Nr. 761 431 7 (5824)

Das Buch enthält eine komplexe Darstellung der wesentlichsten Probleme, die bei der Schaffung automatisierter Verfahren der Stoffwirtschaft und beim Einsatz von Prozeßrechnern gelöst werden müssen. Es werden wichtige Elemente dargestellt, die zur Erforschung, Entwicklung und Anwendung des Einheitssystems der automatisierten Verfahrenstechnik stoffumwandelnder Prozesse notwendig sind.
Ausgehend von der Systemanalyse eines Werkes werden die einzelnen Teilsysteme bestimmt, deren Elemente und Funktionsweisen ermittelt. Bei der quantitativen Beschreibung von Systemen wird das mathematische Modell als Grundlage für alle weiteren Darlegungen definiert. Um die zentrale Stellung des elektronischen Rechenautomaten bei der Analyse und Steuerung von Prozessen umfassend zu zeigen, wird der Aufbau und die Wirkungsweise elektronischer Rechenanlagen kurz dargestellt. Außerdem werden die Programmiersprachen ALGOL und FORTRAN sowie die Besonderheiten von Echt-Zeit-Programmsystemen behandelt.

Bestellungen durch eine Buchhandlung erbeten

THEORIA CUM PRAXI

A K A D E M I E - V E R L A G

DDR – 108 Berlin, Leipziger Str. 3–4

FSC
www.fsc.org
MIX
Papier | Fördert gute Waldnutzung
FSC® C083411

Kolibri 360 GmbH
Ferdinand-Jühlke-Straße 7
99095 Erfurt, Deutschland
produktsicherheit@kolibri360.de